Soy
Neil Armstrong

BRAD MELTZER
ilustraciones de Christopher Eliopoulos

traducción de Isabel C. Mendoza

VISTA™

Soy **Neil Armstrong.**

Crecí en una granja donde no había electricidad.

Cuando tenía ocho años de edad, mi meta era trepar por este arce plateado, el árbol más grande de mi patio.

Parecía un imposible.

El árbol era tan grande, y yo, tan pequeño.

¿Cómo iba a lograrlo?

Tenía que ser valiente. Pero yo no era un chico valiente.

En Ohio, a los tres años de edad, me asusté cuando me llevaron a ver a Papá Noel.

También tenía que ser inteligente.

De niño, me encantaba leer.

Además, tenía que ser paciente.

Aun así, la única manera de llegar hasta la copa de ese enorme árbol, era dar el primer paso.

AQUÍ VAMOS.

Trepar el árbol era como armar un rompecabezas.

Tenía que seleccionar las ramas correctas en el orden correcto.

Tenía que diseñar una solución; como lo hace un ingeniero.

Además, me encantaba la sensación de estar en lo alto.

Pero, entonces, me sujeté de una rama débil y...

CRAC

Tenía que usar mi cerebro más que mi cuerpo.

Me caí.
Desde quince pies de altura. Caí de espaldas sobre el suelo.

¿LLAMO A MAMÁ?

AJÁ.

Por suerte, no me hice daño.
Aquel día aprendí a no sujetarme de las ramas débiles.
Pero lo más importante que hice...

...fue volver a levantarme.

El éxito no llega fácil. Hay que trabajar duro.

Y cuando se trataba de trabajar duro, nadie me ganaba.

CUANDO TENÍA DIEZ AÑOS, CORTABA EL CÉSPED DEL CEMENTERIO POR DIEZ CENTAVOS LA HORA.

LUEGO, TRABAJÉ EN UNA PASTELERÍA.

ERA TAN PEQUEÑO QUE PODÍA METERME DENTRO DE LOS TANQUES DE MEZCLAR PARA LIMPIARLOS.

Esos trabajos me sirvieron para comprar algo que me gustaba más que nada en el mundo.

Aviones.

Mi mamá me compró mi primer avión de juguete cuando yo tenía dos o tres años. A partir de entonces, me lo pasaba zumbando por la casa y por el vecindario.

A los seis años de edad, me monté por primera vez en un avión de verdad, un monoplano de aluminio de ala alta llamado *Ganso de hojalata*. Los doce asientos eran sillas de mimbre. ¡Traqueteaba como loco!

Me obsesioné con aprender sobre aviones, leer acerca de ellos e incluso construirlos.

Cuando cumplí los quince, dejé de comprar aviones de juguete y comencé a ahorrar para pagarme clases de aviación.

A los dieciséis, saqué mi primera licencia de piloto, incluso antes de obtener la licencia para conducir autos.

Me gustaba tanto volar que, de adolescente, tenía el mismo sueño una y otra vez.

En mi sueño, con solo aguantar la respiración podía levantarme del suelo.

En realidad, no volaba ni me movía. Solo flotaba.

Cuando crecí, ingresé a la marina de EE. UU. Volé en setenta y ocho misiones durante la Guerra de Corea.

En una de ellas, mi avión perdió una de sus alas, así que tuve que eyectarme para salir de inmediato.

NUNCA ENTRENÉ PARA EYECTARME, ASÍ QUE, AUNQUE MI AVIÓN ESTABA A PUNTO DE ESTRELLARSE, TUVE QUE MANTENER LA CALMA Y LEER LAS INSTRUCCIONES.

VEAMOS... CÓMO ABRIR EL PARACAÍDAS...

Caí en el agua sano y salvo.

Al final de la guerra, EE. UU. me dio muchas medallas, pero nunca hice alarde de ellas. En casa me habían enseñado a ser humilde.

En la universidad, estudié para ser ingeniero, que es alguien que trabaja diseñando y construyendo máquinas y estructuras. El amor por la ingeniería me llevó a convertirme en piloto de pruebas.

EN LA BASE EDWARDS DE LA FUERZA AÉREA, PROBÁBAMOS LOS AVIONES NUEVOS.

COMO ESTE AVIÓN COHETE X-15,

¡QUE SE ELEVABA A 4520 MILLAS POR HORA (O MACH 6)!

¡ESO TODAVÍA ES LO MÁS RÁPIDO QUE HA VOLADO UNA AERONAVE PILOTADA!

Los ingenieros hacen pruebas y aprenden, hacen pruebas y aprenden. Cuando volamos este cohete, aprendimos mucho sobre aerodinámica (cómo afecta el aire el movimiento de un avión), velocidad supersónica y cuáles eran los mejores materiales para usar en los aviones. De eso se trata la ingeniería: ¡de mejorar las cosas!

En 1957, comenzó la "carrera espacial". EE. UU. y la Unión Soviética competían por llegar primero al espacio.

Los soviéticos enviaron el primer satélite, el Sputnik.

Luego, enviaron a los primeros seres vivos que sobrevivieron un viaje espacial: dos perras llamadas Strelka y Belka.

¡GUAU!※

※TRADUCCIÓN: REGRESAMOS SANAS Y SALVAS.

En 1961, la Unión Soviética también envió al primer humano al espacio, Yuri Gagarin. Al poco tiempo, EE. UU. envió a otra persona, Alan Shepard.

EE. UU. quería tomar la delantera, así que el presidente John F. Kennedy, Jr. lanzó un reto ese mismo año.

¿Cómo íbamos a llegar tan alto?

Lo único que sabíamos con certeza era que tendríamos que usar la ingeniería para encontrar la manera de hacerlo. Necesitábamos nuevas ideas. Nuevos equipos.

Y, para volar hasta la Luna, necesitábamos un nuevo tipo de piloto: ¡un astronauta!

PERSONAS DE TODO EL PAÍS (YO, INCLUIDO) SE POSTULARON PARA EL TRABAJO DE ASTRONAUTAS EN LA NASA (LA ADMINISTRACIÓN NACIONAL DE AERONÁUTICA Y EL ESPACIO).

PARA VERIFICAR SI ÉRAMOS CAPACES DE ESTAR EN EL ESPACIO, NOS HICIERON UNA SERIE DE PRUEBAS EXTRAÑAS.

AQUÍ, ME INYECTARON AGUA HELADA EN EL OÍDO PARA SABER CÓMO REACCIONARÍA AL FRÍO.

En otra prueba, me pusieron en una sala oscura, sin luces ni relojes, y me dijeron que saliera al cabo de dos horas.

Querían saber si podíamos calcular el tiempo sin usar herramientas.

CANTÉ ESTA CANCIÓN UNA Y OTRA VEZ.

FIFTEEN MEN IN A BOARDING HOUSE BED ROLL OVER, ROLL OVER... ♪

COMO SABÍA CUÁNTO DURABA LA CANCIÓN, LA USÉ PARA LLEVAR LA CUENTA DEL TIEMPO.

Me pusieron en una sala muy caliente, en una temperatura de hasta 145 grados Fahrenheit.

Para mantener la temperatura de mi cuerpo en el nivel normal, me quedé muy quieto.

Evité hasta pensar.

Y, por supuesto, me hicieron girar muchas veces.

ESTE ES UN ENTRENAMIENTO DE CENTRIFUGACIÓN.

ASÍ SE SIENTE LA VELOCIDAD A LA QUE SE ENTRA A LA ATMÓSFERA DE LA TIERRA.

CUANDO TE ACERCAS A 15 g (LO CUAL SIGNIFICA QUE LA VELOCIDAD ACTÚA SOBRE TI CON UNA FUERZA EQUIVALENTE A 15 VECES TU PROPIO PESO),

TUS OJOS SE APLANAN Y NO PUEDES VER.

ESTÁ PASANDO TODAS LAS PRUEBAS.

La NASA creó un plan detallado paso a paso para llegar a la Luna. Las misiones del Programa Mercurio pondrían a los estadounidenses en el espacio. Y las misiones del Programa Géminis nos pondrían a orbitar la Tierra. Con cada paso, llegaríamos un poco más lejos y un poco más alto.

EN MARZO DE 1966, YA ESTABA PREPARADO PARA MI PRIMER VIAJE ESPACIAL,

A BORDO DEL GÉMINIS VIII.

LA META ERA VOLAR AL LADO DE OTRA NAVE ESPACIAL Y LUEGO ACOPLARNOS A ELLA PARA VIAJAR UNIDAS.

MIRA LA TIERRA DESDE AQUÍ ARRIBA.

¿PODRÉ VER MI CASA EN HOUSTON?

Era la primera vez que dos naves se conectaban en el espacio.

Todos comenzaron a celebrar cuando nos acoplamos.

Pero, de repente, nos desacoplamos y comenzamos a girar sin control.

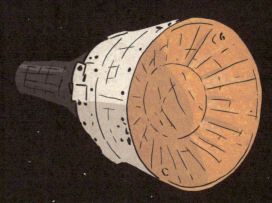

ALGO ANDA MAL.

¿QUÉ PASA, GÉMINIS?

¿ESTÁN BIEN?

ESTAMOS... ESTAMOS DANDO VUELTAS SIN CONTROL.

HAY UN CORTO CIRCUITO EN UNO DE NUESTROS PROPULSORES.

SI NO PARAMOS DE GIRAR, LA FUERZA DESTROZARÁ LA NAVE.

DAVE SCOTT

Durante todos los años en que trabajé como piloto de pruebas, había aprendido a mantener la calma.

Mantuve la mirada sobre los controles para lanzar otro propulsor, pues así dejaríamos de girar.

La misión se tuvo que terminar antes de lo previsto. Aterrizamos sanos y salvos, y aprendí otra lección.

Nada es fácil en el espacio.
Tuvimos complicaciones y choques devastadores una y otra vez.

DURANTE UNA SESIÓN DE PRÁCTICA EN LA PLATAFORMA DE LANZAMIENTO, LOS ASTRONAUTAS *GUS GRISSOM, ED WHITE* Y *ROGER CHAFFEE* MURIERON ACCIDENTALMENTE CUANDO UN CABLE DESGASTADO ORIGINÓ UN INCENDIO.

EN LA UNIÓN SOVIÉTICA, TAMBIÉN MURIERON VARIOS COSMONAUTAS (ASÍ LLAMABAN LOS RUSOS A SUS ASTRONAUTAS).

MONUMENTO ESPACIAL DE LOS ESPEJOS

Hubo momentos en los que llegar a la Luna parecía un imposible.

Pero no permitimos que nad nos detuviera.
Con cada complicación, aprendíamos a fortalecer la nave espacial Apolo, la que no llevaría a la Luna.

APOLO 8 ORBITÓ LA LUNA POR PRIMERA VEZ.

Cuando por fin la misión Apolo 11 estuvo lista, le dije al director del vuelo:

"Por favor, dígales a todos los que han trabajado en esto que este es su lanzamiento. Dígales que todos ellos viajarán con nosotros".

Solo nos quedaba llevar a cabo todos los pasos del plan.

PASO 1: El enorme cohete Saturno V tenía cinco etapas, o partes.

Cuando cada etapa quemaba todo su combustible, la siguiente etapa pasaba a impulsar el cohete. De esta manera tendríamos suficiente empuje para traspasar el campo de gravedad de la Tierra y llegar hasta la órbita de la Luna.

ESTÁBAMOS AQUÍ ARRIBA, EN EL MÓDULO DE COMANDO, QUE LLAMÁBAMOS *COLUMBIA*.

MÓDULOS DE COMANDO Y DE SERVICIO

MÓDULO LUNAR

ETAPA TRES

ETAPA DOS

ETAPA UNO

PASO 2: Cuando llegáramos a la Luna, el módulo de comando se quedaría estacionado orbitando la Luna.

Nos moveríamos al módulo lunar, y luego este bajaría a la superficie.

PASO 3: Cuando estuviéramos listos para regresar, el módulo lunar despegaría de la Luna. Luego debería acoplarse perfectamente al módulo de comando.

PASO 4: Entonces, volveríamos a entrar al módulo de comando, encenderíamos el cohete del módulo de servicio y volveríamos a la Tierra.

Solo quedaba una pregunta por responder.

¿Funcionaría?

El 16 de julio de 1969, en el cabo Kennedy, en Florida, casi un millón de personas se congregaron para mirar.

A bordo íbamos tres astronautas.

BUZZ ALDRIN, PILOTO DEL MÓDULO LUNAR

MICHAEL COLLINS, PILOTO DEL MÓDULO DE COMANDO

NEIL ARMSTRONG, COMANDANTE

En la plataforma de lanzamiento 39A, luego de confirmar que todo estuviera perfecto usando una lista de verificación de 417 pasos, comenzó la cuenta regresiva...

12, 11, 10, 9... se inicia la secuencia de ignición...

4, 3, 2, 1, 0...

Todos los motores encendidos.

¡Despegue!

¡Logramos despegar!

Íbamos a más de 24 200 millas por hora cuando el cohete de la etapa tres nos lanzó fuera del campo de gravedad de la Tierra.

PASO 1:
EL SATURNO V
SE SEPARA
CON ÉXITO. ✓

¿Cómo era la vista?

¡MIRA ESE AMANECER!

TÓMALE UNA FOTO. ESTO NUNCA SE HA VISTO DESDE LA TIERRA.

COMO EN EL ESPACIO NO HAY FUERZA DE GRAVEDAD, TODO FLOTABA, HASTA LA COMIDA.

POR ESO LA TENÍAMOS EN BOLSAS PEQUEÑAS, Y DE AHÍ ÍBAMOS COMIENDO.

MI PLATO FAVORITO ERA ESPAGUETIS CON SALSA DE CARNE.

EL AGUA LA BEBÍAMOS CON UNA MANGUERA DE SEIS PIES.

Y DORMÍAMOS ENVUELTOS EN UNA HAMACA CON FORMA DE BOLSA,

O FLOTANDO, SUJETADOS POR UN CINTURÓN.

Tres días después, nuestro destino estaba frente a nuestros ojos.

¡QUÉ ESPECTACULAR!

¡HOLA, LUNA!

¿Recuerdas nuestro plan? Todavía lo estábamos siguiendo, paso a paso. Buzz y yo subimos al Águila.

PASO 2: EL MÓDULO LUNAR (ÁGUILA) SE DIRIGE A LA SUPERFICIE. ✔

ESTÁS AUTORIZADO PARA DESCENDER.

EL ALUNIZAJE FUE DIFÍCIL.

EN AQUELLA ÉPOCA, LOS RADARES E INSTRUMENTOS NO ERAN MUY PRECISOS.

NI SIQUIERA SABÍAMOS A QUÉ ALTURA ESTÁBAMOS.

TUVE QUE USAR UN CRONÓMETRO Y OPERACIONES MATEMÁTICAS PARA CALCULARLA.

Nos dimos cuenta de que no estábamos cerca del lugar designado para alunizar.
El suelo no era liso.
Había rocas tan grandes como autos.

NUNCA ENTRÉ EN PÁNICO.

NI SIQUIERA CUANDO SOLO NOS QUEDABA COMBUSTIBLE PARA MENOS DE UN MINUTO.

Esta es la Luna.
Mi meta, durante cerca de una década, fue llegar hasta aquí.

Parecía un imposible.
La Luna estaba tan lejos, y nosotros éramos tan pequeños.
¿Cómo lo logramos?

Tuvimos que ser valientes.
Tuvimos que ser inteligentes.
Tuvimos que ser pacientes.

Pero, para lograrlo de verdad...
Tuve que dar aquel primer paso.

Eran las 10:56 p. m., horario de verano del este, del domingo 20 de julio de 1969.

Un quinto de la población de la Tierra lo vio por televisión.

A lo largo de mi vida, me llamaron piloto de pruebas, astronauta y viajero espacial.

Pero, para llegar a las estrellas, tuve que hacerme ingeniero.

Los ingenieros buscan soluciones.

Resuelven problemas.

¿Cómo?

Haciendo pruebas y fracasando, haciendo pruebas y fracasando.

Esa es la clave de la ciencia, y también la clave de la vida.

No fue en realidad un pequeño paso lo que me llevó hasta allí.
Fueron los miles de pasos que di antes.

Todos tenemos momentos de fracaso.

Pero el fracaso no es el final sino una oportunidad para aprender algo nuevo.

Siempre que tropieces, tienes que levantarte.

Cada error que cometes te enseña una mejor manera de avanzar.

AQUÍ, EN EL MUSEO NACIONAL DEL AIRE Y EL ESPACIO, PUEDES VER EL VERDADERO MÓDULO DE COMANDO Y MUCHAS OTRAS COSAS, ¡INCLUYENDO ROCAS QUE TRAJERON DE LA LUNA!

¿SABÍAS QUE EN LA LUNA DEJARON, OFICIALMENTE, TRES COSAS?

1) UNA PLACA QUE DICE *VINIMOS EN PAZ EN NOMBRE DE TODA LA HUMANIDAD.*

2) UN PEQUEÑO DISCO CON MENSAJES DE BUENA VOLUNTAD DE VARIOS LÍDERES MUNDIALES.

3) UNA BANDERA DE ESTADOS UNIDOS.

Cualquiera que sea el camino que hayas elegido para tu vida, explora tus sueños.
Trabaja duro y trabaja en equipo.
Sé valiente y paciente.
Diseña tus propias soluciones.
Puede que llegues hasta la Luna.

Soy Neil Armstrong.
Sé que todos los viajes comienzan con un primer paso.

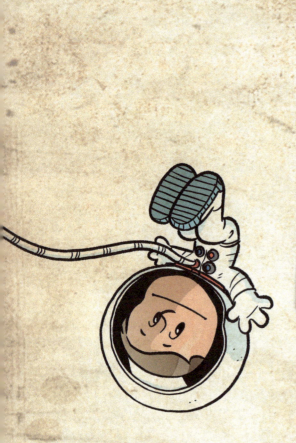

"Vamos a ir a la Luna porque enfrentar los retos está en la naturaleza de los seres humanos".

—Neil Armstrong

Línea cronológica

5 DE AGOSTO DE 1930	1951–1952	4 DE OCTUBRE DE 1957	31 DE ENERO DE 1958	19 DE AGOSTO DE 1960	12 DE ABRIL DE 1961
Nace en Wapakoneta, Ohio.	Vuela 78 misiones en la Guerra de Corea.	La Unión Soviética lanza el Sputnik al espacio.	EE. UU. lanza su primer satélite, el Explorador 1.	Las perras Strelka y Belka sobreviven un viaje espacial.	Yuri Gagarin se convierte en el primer humano en el espacio.

Neil, de niño

Neil (primero, a la izquierda) con Michael y Buzz, en 1969

Lanzamiento del Apolo 11

Strelka y Belka

Neil, parado sobre la superficie de la Luna

5 DE MAYO DE 1961	25 DE MAYO DE 1961	16 DE MARZO DE 1966	21 DE DICIEMBRE DE 1968	20 DE JULIO DE 1969	25 DE AGOSTO DE 2012
Alan Shepard se convierte en el primer estadounidense en el espacio.	Reto de la carrera espacial del presidente Kennedy.	Primer acoplamiento exitoso de dos naves espaciales.	Misión Apolo 8: primeros humanos en orbitar la Luna.	Junto con Buzz Aldrin, se convierte en el primer humano en alunizar y caminar sobre la Luna.	Muere en Cincinnati, Ohio, a los 82 años de edad.

Para Chris Eliopoulos, mi hermano en el proyecto de crear estos libros, y la mejor persona de la historia. Gracias por llevarme a dar uno de los mejores paseos de mi vida.
—B.M.

Para la familia Buonomo: Anthony, Patty, Anna y Lauren. Gente maravillosa a la que tengo la suerte de llamar amigos.
—C.E.

En aras de la precisión histórica, usamos los diálogos reales de Neil Armstrong siempre que fue posible. Para más citas textuales de Neil Armstrong, recomendamos y reconocemos los títulos citados abajo. Un agradecimiento especial para el querido amigo y piloto retirado de la NASA Charlie Justiz, así como para el generoso Andy Chaikin, por sus comentarios a los primeros borradores. Gracias también a la NASA, por ser los nerdos increíbles que el resto de los nerdos admiramos.

· ·

FUENTES

First Man: The Life of Neil A. Armstrong, James R. Hansen (Simon & Schuster, 2005)

Neil Armstrong: A Life of Flight, Jay Barbree (St. Martin's Press, 2014)

"The Neil Armstrong I Knew", Michael Collins, *The Washington Post* (13 de septiembre de 2012)

"'You Would Love It!' A Meeting with the First Man on the Moon", Thanassis Mambos, *Spaceflight* (julio de 1999)

"The Forever Spacesuit", Kevin Dupzyk, *Popular Mechanics* (noviembre de 2015)

"The Neil Armstrong You Didn't Know", Douglas Brinkley, *Newsweek* (10 de septiembre de 2012)

"Mission accomplished: Neil Armstrong is best known as the first man to walk on the moon. But his finest day was aboard Gemini 8", *Maclean's* (10 de septiembre de 2012)

"Neil from Dullsville who fell to earth", Janine di Giovanni, *Sunday Times* (Londres; 10 de julio de 1994)

"Armstrong: A giant leap for modesty", *Christian Science Monitor* (27 de agosto de 2012)

"Neil Armstrong, lunar explorer: the first moonwalker's brief lunar sojourn yielded a scientific treasure trove", *Sky & Telescope* (diciembre de 2012)

Mission Control, This Is Apollo, Andrew Chaikin y Alan Bean (Viking Books for Young Readers, 2009)

MÁS LECTURAS PARA NIÑOS

Una computadora llamada Katherine: cómo ayudó Katherine Johnson a poner a EE. UU. en la Luna, Suzanne Slade (VHL/Santillana USA, 2021)

La primera caminata lunar, Dana Meachen Rau (Loqueleo, 2007)

· ·

© 2024, Vista Higher Learning, Inc. 500 Boylston Street, Suite 620. Boston, MA 02116-3736
www.vistahigherlearning.com
www.loqueleo.com/us

© Del texto: 2018, Forty-four Steps, Inc. © De las ilustraciones: 2018, Christopher Eliopoulos

Publicado originalmente en Estados Unidos bajo el título *I Am Neil Armstrong* por Dial Books for Young Readers, un sello de Penguin Random House LLC, Nueva York. Esta traducción ha sido publicada bajo acuerdo con Forty-four Steps, Inc. y Christopher Eliopoulos c/o Writers House LLC.

Dirección Creativa: José A. Blanco / Vicedirector Ejecutivo y Gerente General, K–12: Vincent Grosso
Desarrollo Editorial: Salwa Lacayo, Lisset López, Isabel C. Mendoza / Diseño: Radoslav Mateev, Gabriel Noreña, Andrés Vanegas, Manuela Zapata
Coordinación del proyecto: Karys Acosta, Tiffany Kayes / Derechos: Jorgensen Fernandez, Annie Pickert Fuller, Kristine Janssens
Producción: Thomas Casallas, Oscar Díez, Sebastián Díez, Andrés Escobar, Giovanny Escobar, Adriana Jaramillo, Daniel Lopera, Daniela Peláez, Daniel Tobón
Traducción: Isabel C. Mendoza

Soy Neil Armstrong
ISBN: 978-1-66991-517-1

Printed in the United States of America

1 2 3 4 5 6 7 8 9 GP 29 28 27 26 25 24